Gisela Allkemper

Das kleine Buch der
Kuchen
und Torten

Rühre fein, rühre fein!
Der Kuchen muß bald fertig sein.

5 4 3 2 1
ISBN 3-88117-478-8

Gestaltung: Kristin Labuch
Redaktion: Jutta Engelage
© 1983, 1998 Verlag Wolfgang Hölker GmbH
Martinistraße 2, 48143 Münster
Vollständig überarbeitete und ergänzte Auflage,
erstmals erschienen unter dem Titel „Das kleine Backbuch für Kuchen und Torten"
Alle Rechte vorbehalten, auch auszugsweise

Printed in Belgium

Inhalt

Das Backen ist eine der ältesten Zubereitungsarten von Speisen. Anfangs wurden einfache, dünne Fladen aus zerstoßenen Körnern mit Wasser zu Brei vermengt und auf heißen Steinen gebacken. Treibmittel wie Sauerteig oder Hirschhornsalz, Hefe oder Backpulver lockern heute die Teige auf und machen sie zu luftigen, leichten Gebäcken.

Früher backte man aus Mangel an Zeit und Geld nur einfache Kuchen, und das auch nur zu festlichen Gelegenheiten. Daneben entwickelten sich Berufszweige wie die der Bäcker, Zuckerbäcker, Lebzelter und Konditoren. Zünfte bildeten sich heraus, und jede hütete ihre Rezepte wie ein Geheimnis. Erst recht, als durch die Handelsbeziehungen mit Fernost Gewürze und fremdartige Früchte ihren Siegeszug in unsere Lande antraten. Der Honig als Süßmittel wurde vom Zucker abgelöst. Als dann der Kaffee bekannt und beliebt wurde, war es schick, im Caféhaus ein Schälchen davon zu trinken und sich dazu mit einem guten Stück Kuchen oder Torte zu verwöhnen. Viele Konditoren gaben ihren Kreationen Namen von bekannten Persönlichkeiten wie Sacher,

Malakoff u.a. oder aus der Gegend, in der sie entdeckt wurden. Wer kennt nicht die Engadiner Nußtorte oder den Dresdner Stollen, um nur zwei zu nennen?

Mit der Zeit wurden auch in den privaten Haushalten immer aufwendigere Torten gebacken. Dem Einfallsreichtum im Abändern von Rezepturen und im Ausprobieren immer neuer Köstlichkeiten soll hier hohes Lob erteilt werden, denn dieses Buch profitiert erheblich von den Vorschlägen und Erfahrungen geschickter Hobbybäcker und -bäckerinnen. Auch Ihrer Kreativität hinsichtlich ideenreicher Variationen sind keine Grenzen gesetzt.

Gutes Gelingen wünscht Ihnen
Ihre

Gisela Allremper

Leckeres aus Mürbeteig

Leckeres aus Mürbeteig

Die wohl am häufigsten verwendete Teigart ist der Mürbeteig. Er bildet eine feste, nicht so leicht durchfeuchtende Unterlage für Füllungen und Obstauflagen. Der Teig läßt sich gut vorbereiten, da er nach dem Kneten wenigstens 30 Minuten im Kühlschrank ruhen soll. Er ist dort aber auch, gut in Folie eingewickelt, mehrere Tage haltbar, im Tiefkühlfach sogar einige Monate. Knetteig sollte möglichst keine Eier und kein Backpulver enthalten. Beides macht den Teig hart. Die Faustregel für ein gutes Gelingen besagt: 1 Teil Zucker, 2 Teile Fett, 3 Teile Mehl. Je feiner der Zucker, desto besser.

Grundrezept

60 g Zucker, 125 g Butter (besser als Margarine), 250 g Mehl

Die Zutaten schnell und mit kühlen Händen zu einem Kloß verkneten. Den Teig vor der Weiterverarbeitung mindestens 30 Minuten kühl stellen. Danach auf einer bemehlten Unterlage ausrollen und in eine gefettete oder mit Backpapier ausgelegte Form legen und leicht andrücken. Bei 175 Grad etwa 15 Minuten im vorgeheizten Backofen backen. Sofort vom Rand lösen, aber in der Form auskühlen lassen.

☞ Dieser Grundteig kann mit Geschmacksaromen wie Mandel- oder Zitronenöl oder Vanillezucker ergänzt werden.

Aprikosentorte 1

1 Mürbeteig (Grundrezept)
Füllung: 130 g gemahlene Mandeln, 100 g Zucker, 3 EL Sahne, 1 Ei
Belag: 500 g halbierte Aprikosen aus der Dose, halbierte, geschälte Mandeln
Zum Bestäuben: Puderzucker

Den Teig ausrollen und in eine Springform von 26 cm Durchmesser legen. Dabei den Rand etwas hochziehen.

Für die Füllung die gemahlenen Mandeln mit den übrigen Zutaten verschlagen und auf den Teig streichen. Die halbierten Früchte mit der Höhlung nach oben dicht nebeneinander in die Mandelmasse drücken. In jede Aprikosenhälfte eine halbe Mandel stecken.

Den Kuchen auf der untersten Schiene des Backofens bei 200 Grad 45 Minuten backen. Ausgekühlt mit Puderzucker bestreuen.

Aprikosentorte 2

1 Mürbeteig (Grundrezept)
Belag: 500–600 g Aprikosen aus der Dose, 50 g Mandelblätter,
20 g Butter, 3 EL Zimt-Zucker
Guß: 1/2 Glas Aprikosenmarmelade

Den Mürbeteig ausrollen und in eine Springform von 26 cm Durchmesser legen. Im Backofen bei 200 Grad 7–10 Minuten leicht vorbacken. Die Aprikosen auf den Teig legen, mit Mandelblättchen bestreuen, mit Butterflöckchen belegen und Zimt-Zucker darüberstreuen. Bei 225 Grad weitere 15–20 Minuten backen.
Für den Guß die Marmelade im Wasserbad oder in der Mikrowelle erwärmen, bis sie flüssig ist. Den noch heißen Kuchen damit dünn überziehen.

☞ Wer den Kuchen nicht so süß mag, kann auf die Marmelade verzichten.

Versteckte Himbeertorte

1 Mürbeteig (Grundrezept)
Füllung: 600 g frische Himbeeren,
2 EL zerstoßene Zwiebäcke oder Löffelbiskuits
Belag: 2 Eigelb, 40 g Zucker, 1 EL flüssige Butter, 20 g geriebene Mandeln,
1 EL Kirsch- oder Himbeerwasser, 2 Eiweiß

Den Teig in eine Springform von 26 cm Durchmesser legen und den Rand etwas hochziehen. Im vorgeheizten Backofen auf der mittleren Schiene bei 200 Grad ca. 10 Minuten goldgelb backen. Den Kuchen in der Form erkalten lassen.

Für die Füllung die Himbeeren vorsichtig waschen. Das Zwieback- oder Löffelbiskuitmehl auf den Boden streuen und die Früchte drauflegen.

Für den Belag die Eigelb mit dem Zucker schaumig weiß schlagen. Butter, Mandeln und Alkohol vorsichtig unterziehen. Die Eiweiß steif schlagen und unter die Schaummasse heben, auf die

Himbeeren gießen und bei 225 Grad so lange backen, bis die Decke goldbraun ist.

☞ Statt Himbeeren Kirschen verwenden.

Weiß, weiß, weiß sind alle meine Kleider,
weiß, weiß, weiß ist alles, was ich hab,
darum lieb ich alles, was so weiß ist,
weil mein Schatz ein Bäckermeister ist.

Johannisbeertorte

1 Mürbeteig (Grundrezept)
Füllung: 500 g rote Johannisbeeren, 5 Eiweiß, 250 g feiner Zucker

Den Boden in einer Springform von 26 cm Durchmesser backen. Für die Füllung die Johannisbeeren entstielen, waschen und trockentupfen. Die Eiweiß steif schlagen und dabei den Zucker einrieseln lassen. Die Beeren unterheben. Auf den Tortenboden streichen. Dabei mit einem Löffel kleine Spitzen hochziehen oder Dellen eindrücken. Auf der oberen Schiene bei 250 Grad goldgelb überbacken. Die Spitzen sollten braun, die übrige Füllung goldgelb aussehen.

☞ Statt der Beeren roten Rhabarber verwenden. Dieser wird gewaschen, in kleine Würfel geschnitten und durch Zwiebackmehl gedreht. So wird der Saft aufgefangen. In die Baisermasse einarbeiten und wie oben backen.

Traubentorte

1 Mürbeteig (Grundrezept)
Füllung: 8 Eier, 200 g Zucker, 1/2 l Weißwein, Saft von 1 Zitrone,
1 1/2 Päckchen weiße gemahlene Gelatine, 4 EL Rum,
500 g kernlose Weintrauben, 1/8 l Sahne
Krokant: 50 g gehackte Mandeln, 2 EL Zucker, 1/2 TL Zimt, 10 g Butter

Den Mürbeteig ausrollen und in eine mit Backpapier ausgelegte
Springform von 26 cm Durchmesser legen. Den Rand hochziehen.
Mit einer Gabel mehrfach einstechen und bei 200 Grad im vorgeheizten Backofen in etwa 15–20 Minuten goldgelb backen. In der
Form auskühlen lassen.
Für die Füllung die Eier trennen. Die Gelatine zum Quellen ansetzen (s. Packungsbeschreibung). Die Eigelb mit Zucker schaumig
weiß rühren. Weißwein und Zitronensaft nach und nach einrühren. Die Gelatine auflösen und unter Schlagen der Flüssigkeit
zufügen. Im Kühlschrank halbfest werden lassen. Die Eiweiß zu

festem Schnee schlagen, mit dem Rum unter die halbfeste Masse heben und auf dem Tortenboden verteilen. Die Trauben waschen und halbieren. Die Sahne steif schlagen. Für den Krokant die Mandeln mit Zucker, Zimt und Butter in einer Pfanne schmelzen, auskühlen lassen und zerstoßen. Die Torte mit den Trauben belegen. In die Zwischenräume abwechselnd Sahnetupfer und Krokantbröckchen füllen. Die Torte gut durchkühlen lassen.

☞ Sahne und Krokant weglassen und die Trauben mit einem Guß aus Weißwein und hellem Tortengußpulver überziehen.

Florentiner Apfelkuchen

1 Mürbeteig (Grundrezept)
Füllung: 1 kg Äpfel (Boskop), 1 EL Zucker,
1 TL Vanillezucker, 1/8 l Weißwein, 1 EL Speisestärke
Belag: 100 g Mandelblättchen, 20 g Butter, 2 EL Zimt-Zucker

Den Teig ausrollen und in eine Springform von 26 cm Durchmesser legen. Den Rand hochziehen. Im vorgeheizten Backofen bei 175 Grad 7–8 Minuten vorbacken.

Für die Füllung die Äpfel schälen, entkernen und in Scheiben schneiden. Den Wein erhitzen, zuckern, die Äpfel ganz kurz darin dünsten und mit Stärkemehl andicken. Auf den vorgebackenen Kuchen streichen. Für den Belag die Mandeln mit Butter und Zimt-Zucker in einer Pfanne verrühren, bis die Butter geschmolzen ist. Auf die Apfelmasse bröseln. Bei 225 Grad 30 Minuten auf der mittleren Schiene goldbraun backen. Den Rand lösen, den Kuchen aber in der Form erkalten lassen.

Leckeres aus Mürbeteig

Apfeltorte

1 Mürbeteig (Grundrezept)

Füllung: ½ l naturtrüber Apfelsaft, 250 g Zucker, 1 TL Zimt,
1 kg Äpfel (Boskop), 2 Päckchen Vanillepuddingpulver

Belag: ½ l Sahne, 1 EL Zucker, 1 Päckchen Sahnesteif, 2 EL Krokant

Den Mürbeteig ausrollen und in eine Springform von 26 cm
Durchmesser legen. Den Rand hochziehen.

Für die Füllung den Apfelsaft mit Zucker und Zimt aufkochen. Die Äpfel schälen, entkernen, würfeln und kurz in dem Apfelsaft kochen. Das Vanillepuddingpulver mit einem Rest Saft verrühren und die Apfelstücke damit binden. Auf den Teig füllen. Bei 200 Grad etwa 50–60 Minuten backen, dabei nach 10 Minuten mit Folie abdecken. In der Form auskühlen lassen. Am besten einen Tag vor dem Verzehr backen!

Für den Belag kurz vor dem Servieren die Sahne steif schlagen und die Torte damit bestreichen und verzieren. Mit Krokant bestreut servieren.

☞ Den Apfelsaft zur Hälfte durch Weißwein ersetzen.

Gedeckter Apfelkuchen

Mürbeteig: 250 g Mehl, 125 g Butter, 5 EL Sahne, 3 EL Puderzucker
Füllung: 8 Äpfel (Boskop)
Variante: Zusätzlich etwas Zimt, 3 EL Sultaninen

Aus Mehl, Butter, Sahne und Puderzucker einen Knetteig zubereiten. Die Hälfte des Teiges ausrollen und eine gefettete Springform von 24 cm Durchmesser damit auslegen. Den Teig im vorgeheizten Backofen bei 200 Grad etwa 10 Minuten vorbacken.
Für die Füllung die Äpfel schälen, in sehr feine Scheibchen schneiden und auf den vorgebackenen Boden legen. Die andere Hälfte des Teiges darübergeben und den Kuchen bei 200 Grad noch etwa 35 Minuten backen. Den ausgekühlten Kuchen mit etwas Puderzucker überstäuben. Dazu Schlagsahne reichen.

☞ Die Apfelscheiben mit Zimt und gewaschenen Sultaninen mischen.

☞ Dieser Kuchen ist ohne Puderzucker gut für Diabetiker geeignet. Er schmeckt am besten, wenn er sofort nach dem Auskühlen gegessen wird.

Prinz-Karl-Torte

Mürbeteig: 250 g Mehl, 125 g Zucker, 100 g gehackte Mandeln,
125 g Butter, 1 Ei, 1 EL Kakao, 1 TL Backpulver
Füllung: 250 g Butter, 1 Ei, 2 EL Rum, 250 g Zucker, 2 EL Kakao

Aus den Zutaten einen Mürbeteig kneten. Davon 3 einzelne Böden im vorgeheizten Backofen bei 200 Grad 15 Minuten backen. Für die Füllung die Butter mit dem Zucker schaumig rühren. Das Ei, den Rum und den Kakao hinzufügen. Die ausgekühlten Böden mit der Masse bestreichen und zusammensetzen. Auch den Rand mit der Creme bestreichen. Mit dunklem Kakaopulver bestäuben. Erst am folgenden Tag anschneiden.

Feine Nußtorte

1 1/2 Mürbeteig (Grundrezept)
Belag: 350 g gemischte Nüsse (ohne Schale), 2 Eier,
2 EL klarer Honig, 1 EL Speisestärke, 1/2 Glas Orangenmarmelade,
1 Eigelb zum Bestreichen

Den Mürbeteig ausrollen. 2/3 davon in eine mit Backpapier ausgelegte Springform von 26 cm Durchmesser legen. Den Rand hochziehen. 10 Minuten bei 200 Grad vorbacken.

Für den Belag die Nüsse grob hacken. Die Eier trennen. Die Eigelb mit dem Honig und der Stärke verrühren. Die Nüsse untermengen. Die Eiweiß zu steifem Schnee schlagen und unter die Nußcreme heben. Die Marmelade erhitzen, damit sie flüssig wird, und auf den vorgebackenen Kuchen streichen. Die Nußmasse darüberfüllen. Den Rest Teig erneut ausrollen und Streifen ausrädeln. Diese kreuzweise als Gitter über den Kuchen legen. Mit Eigelb bestreichen. Bei 225 Grad etwa 25 Minuten backen.

Grundrezept Nuß-Mürbeteig

Das Rezept reicht für 4 Böden einer Springform von 24 cm Durchmesser. Wenn Sie im Moment nur 2 Böden benötigen, dann frieren Sie den Teigrest portionsweise ein.

300 g Mehl, 2 TL Backpulver,
1 EL schwach entölter Kakao, 180 g Zucker, 1 Ei, 180 g Butter,
200 g gemahlene Haselnüsse oder Mandeln

Die Zutaten zu einem geschmeidigen Teig verkneten. Da dieser sehr fettreich ist, läßt er sich schwer ausrollen. Deshalb den Teig vierteln und jeden Teil einzeln mit bemehlten Händen in die mit Backpapier ausgelegten Springformen kneten. Das Backen bei 220 Grad dauert etwa 15 Minuten. Nach dem Auskühlen vorsichtig vom Papier lösen.

Weihnachtstorte

½ *Nuß-Mürbeteig (Grundrezept)*
zusätzlich ½ *Päckchen Neunerlei Lebkuchengewürz, ½ TL Zimt*
Füllung: 1 Päckchen gemahlene weiße Gelatine, ½ l Sahne, 1 EL Zucker,
1 TL Vanillezucker, ½ Glas Preiselbeeren (oder mehr)

In den Mürbeteig zusätzlich die Gewürze kneten. Zwei einzelne
Böden backen und vorsichtig aus den Formen lösen.
Für die Füllung die Gelatine zum Quellen ansetzen. Die Sahne
süßen und steif schlagen. Die Gelatine auflösen und zu der Sahne
geben. Die Preiselbeeren unterheben. Wenn die Masse zu gelieren
beginnt, streicht man die Hälfte auf den unteren Boden. Den
zweiten Boden auflegen und rundum mit der Preiselbeersahne
bestreichen. Mit einem Rest Sahne dekorieren. Am Tag vor dem
Verzehr backen!

Zitronentorte

½ Nuß-Mürbeteig (Grundrezept)

Füllung: 1 Päckchen gemahlene weiße Gelatine, ½ l Sahne, 2 EL Zucker,
1 Päckchen Vanillezucker, Saft und abgeriebene Schale von 1 Zitrone
Zum Dekorieren: Kandierte Zitronenscheiben, kandierte Veilchen
oder Schokoladenraspeln

Die Zutaten für den Teig gut verkneten. 2 einzelne Böden bei
220 Grad 15 Minuten backen.

Für die Füllung die Gelatine nach Packungsanweisung quellen lassen und auflösen. Die Sahne steif schlagen und süßen. Bei ständigem Schlagen den Zitronensaft und die abgeriebene Schale einarbeiten. Zum Schluß die flüssige Gelatine einfließen lassen. Den ersten Boden mit der Hälfte der Sahne bestreichen, den zweiten Boden auflegen. Diesen rundum dick mit Sahne bestreichen. Den Rest Sahne in einen Spritzbeutel füllen und die Torte damit verzieren. Den Rand mit dicht aneinandergelegten, halbierten Zitronenscheiben garnieren. In die Mitte ein paar Veilchen setzen oder mit Schokoraspeln bestreuen. Einen Tag durchziehen lassen.

Engadiner Nußtorte

Mürbeteig: 300 g Mehl, 150 g Zucker, 150 g Butter, 1 Ei, 1 Prise Salz,
einige Tropfen Zitronenaroma
Füllung: 200 g Zucker, 20 g Butter, 300 g gehackte Walnußkerne, ½ l Sahne

Aus den angegebenen Zutaten einen Mürbeteig kneten und ⅓ des Teiges für die Decke der Torte beiseite stellen. Mit dem übrigen Teig den Boden einer kleinen Springform (24 cm Durchmesser) belegen und den Rand etwa 3 cm hochziehen. Eventuell den Boden 10 Minuten bei 200 Grad vorbacken.

Für die Füllung den Zucker mit der Butter in einem Topf langsam bräunen, Nüsse und Sahne daruntergeben und das Ganze zweimal kurz aufkochen lassen. Die abgekühlte Masse in die Form gießen. Aus dem restlichen Teig eine Decke ausrollen und auf die Torte legen. Mit Eigelb bestreichen und mit der Gabel mehrmals einstechen. Den Kuchen im vorgeheizten Backofen bei 200 Grad etwa 30-40 Minuten hellgelb backen. Er hält sich lange Zeit frisch.

Eistorte „Fürst Pückler"

½ Nuß-Mürbeteig (Grundrezept)

Eisfüllung: 6 Eigelb, 150 g Zucker, 6 EL Weißwein,
½ Päckchen gemahlene weiße Gelatine, ½ l Sahne, 2 EL Kakao,
einige in Maraschino getränkte Makronen,
250 g tiefgekühlte Himbeeren oder Erdbeeren

Zum Dekorieren: ⅛ l Sahne, ½ Päckchen Vanillezucker, 1 TL Zucker,
Borken- oder Raspelschokolade

Den Mürbeteig auf den Boden einer Springform von 26 cm Durchmesser drücken und goldbraun backen. Auskühlen lassen. Für die Eisfüllung Eigelb, Zucker und Weißwein schaumig schlagen. Ins Wasserbad setzen und so lange schlagen, bis eine Creme entsteht. Die eingeweichte und aufgelöste Gelatine hineinschlagen. Abkühlen lassen, ab und zu durchrühren. Die Sahne schlagen und unterziehen. Diese Masse in 3 Teile portionieren. Den ersten Teil auf den Tortenboden streichen und für 15 Minuten in das Eisfach stellen. Inzwischen den zweiten Teil mit den aufgetauten und zerstampften oder passierten Himbeeren oder Erdbeeren mischen. Auf die erste Schicht streichen und abermals gefrieren. Den dritten Teil mit Kakao anreichern und auf den Kuchen streichen. Eine Nacht lang gut durchfrieren lassen. Am nächsten Tag mit gesüßter, steif geschlagener Sahne überziehen und mit Borken- oder Raspelschokolade garnieren.

☞ Diese Torte schmeckt sowohl als Dessert mit einer Tasse Mokka als auch zur Kaffeezeit.

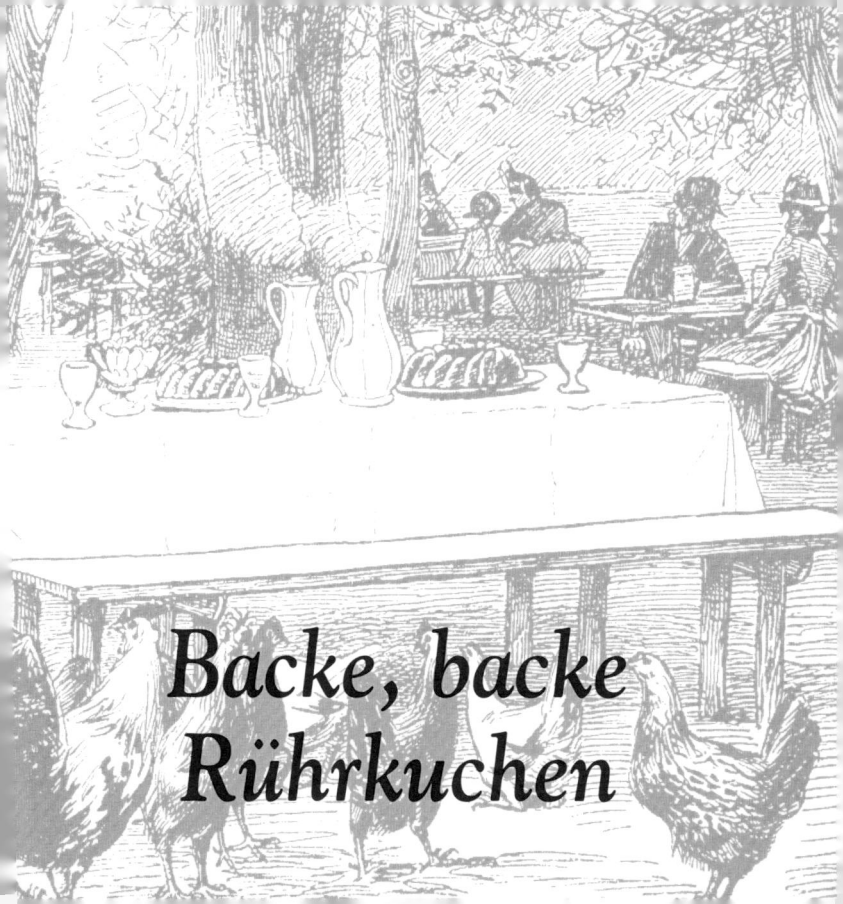

Backe, backe
Rührkuchen

Backe, backe Rührkuchen

W enn Sie einen gelungenen Teig erhalten wollen, müssen Sie folgende Regel beachten:

Wichtig ist das richtige Mengenverhältnis der Zutaten: Gleiches Gewicht von Fett, Zucker und Eiern. Dazu doppelte Menge Mehl (oder Mehl/Stärkemehl).

Grundrezept

200 g Butter, 200 g Zucker, 1 Päckchen Vanillezucker,
3–4 Eier (etwa 200 g), Saft und abgeriebene Schale 1 Zitrone,
1 Prise Salz, 400 g Mehl, 1 Päckchen Backpulver, $^1/_8$ l Milch
Zum Vervollständigen nach Geschmack: 100 g Rosinen, 100 g Korinthen,
2 EL Mehl (um die Rosinen und Korinthen nach dem Waschen darin
zu trocknen), 50 g gewürfeltes Zitronat, Orangeat oder kandierte Kirschen

Alle Zutaten zimmerwarm verarbeiten, dann verbinden sie sich besser. Die Butter sollte sehr weich sein. Butter und Zucker werden so lange (ca. 2 Minuten) gerührt, bis sie schaumig weiß sind. Die angegebene Menge an Eiern wird nach und nach eingearbeitet. Das bewirkt, daß Luft in den Teig kommt und er somit besonders locker wird. Mehl und Backpulver vermischen und eßlöffelweise einrühren. Einen Teil des Mehls kann man durch Speisestärke ersetzen. Diese macht den Teig fein „sandig". Als letztes kommen alle übrigen Zutaten in den Teig wie z.B. Kakao, Nüsse, Rosinen, Gewürze. Nur kurz unterheben. Ein Rührteig sollte, bevor er gebacken wird, schwer reißend vom Löffel fallen. Gegebenenfalls gibt man etwas Milch oder Sahne dazu. Eine Kasten- oder Napfkuchenformen ausbuttern und bemehlen. Springformen werden mit Backpapier ausgelegt. Der Kuchen ist gar, wenn er sich in der Mitte leicht aufwölbt. Stäbchenprobe: bleibt an einer Stricknadel oder an einem Holzstäbchen noch Teig hängen, benötigt er noch einige Minuten Backzeit mehr. Kuchen in Napfkuchen- oder Kastenformen erst nach 10 Minuten auf ein Kuchengitter stürzen. Bei Springformen den Rand sofort lösen. Erst nach dem Auskühlen auf einen Kuchenteller gleiten lassen.

Altdeutscher Napfkuchen

Rührteig: 8 Eigelb, 250 g Butter,
350 g gesiebtes Weizenmehl, 250 g Zucker,
70 g gehackte süße Mandeln, 20 g gehackte bittere Mandeln,
etwas Zitronenabrieb, 1 Prise Muskatblüte,
1 Messerspitze Kardamom, 8 Eiweiß

Die Butter in der Schüssel schaumig rühren und nach und nach das Mehl untermengen. Eigelb, Zucker, Mandeln und Gewürze in einer zweiten Schüssel schaumig rühren. Beide Massen zusammenrühren und das steif geschlagene Eiweiß darunterziehen. Eine ausgebutterte, tönerne Napfkuchenform mit feinem Semmelmehl ausstreuen und die Kuchenmasse einfüllen. Im vorgeheizten Backofen bei 175 Grad 1 gute Stunde backen. Stäbchenprobe! Den erkalteten Kuchen stürzen und mit Puderzucker bestäuben.

☞ 50 g Rosinen in den Teig rühren.

Spanischer Vanillekuchen

Rührteig: 250 g Marzipanrohmasse, 125 g Zucker,
2 Päckchen Vanillezucker, 5 Tropfen Vanilleextrakt,
1 Prise Salz, 1 Ei, 6 Eigelb, 100 g Mehl, 50 g Speisestärke,
60 g Schokoladensplitter, 6 Eiweiß.
Zum Dekorieren: 1 Päckchen Schokoladenglasur, gehackte Pistazien

Die Marzipanrohmasse zerkrümeln und mit dem Zucker, Vanillezucker und Vanilleextrakt glattrühren. Salz, Ei und Eigelb zugeben, danach das Mehl und die Speisestärke. Kräftig schlagen, damit die Masse schaumig weiß wird. Die Eiweiß steif schlagen und mit den Schokoladensplittern unter den Teig heben. Eine Springform von 26 cm Durchmesser fetten und bemehlen, den Teig einfüllen. Im vorgeheizten Backofen auf der untersten Schiene bei 200 Grad etwa 40 Minuten backen. Ausgekühlt auf ein Gitter stürzen und mit aufgelöster Schokoladenglasur überziehen. Mit gehackten Pistazien bestreuen.

Backe, backe Rührkuchen

Englischer Früchtekuchen

*Rührteig: 200 g Butter, 200 g Mehl, 5 Eier, 1 Prise Salz,
200 g Zucker, 2 EL Kakao, 50 g Zitronat, 50 g Orangeat,
200 g gemahlene Haselnüsse, 200 g kandierte Kirschen, grün und rot,
1 Messerspitze Zimt, Kardamom, Ingwer und Muskat,
abgeriebene Schale von 1 Zitrone und Apfelsine,
400 g getrocknete Früchte (Pflaumen, Aprikosen, Birnen),
100 g grob gehackte Schokolade,
50 g Marzipanrohmasse
Zum Tränken: 5 EL Whisky oder Rum, 1 Päckchen Vanillezucker,
1 EL Pulverkaffee, 1 EL Puderzucker
Guß: 200 g Schokoladenkuvertüre
Zum Dekorieren: Belegkirschen, halbierte Mandeln und Walnüsse, Pistazien*

Für den Teig das Fett schaumig rühren und abwechselnd Zucker,
Eier, Salz, Mehl und Kakao unterrühren. Die getrockneten Früchte

in kleine Würfel schneiden und zusammen mit den übrigen Zutaten zu der Schaummasse geben. Den Teig in gut gefettete und bemehlte Formen füllen und im vorgeheizten Backofen bei 150 Grad ca. 1 Stunde backen. Sollten Sie kleine Förmchen verwenden, so ist die Backzeit kürzer. Die Zutaten zum Tränken vermischen. Den noch heißen Kuchen mehrere Male mit einer Nadel einstechen, das Gemisch aus Kaffee, Rum und Zucker darüberträufeln und einziehen lassen. Den erkalteten Kuchen aus der Form lösen, mit Kuvertüre überziehen und mit den oben angegebenen Zutaten bunt verzieren.

☞ Diesen Kuchen werden Sie immer wieder backen wollen, denn er ist sehr saftig und vom Geschmack her wunderbar ausgewogen. Zur Weihnachtszeit eignen sich Backformen, die als Stern oder Herz geformt sind. Der Kuchen kann dann mit oder ohne Form verschenkt werden.

Dieser Kuchen ist, in Alufolie verpackt, wochenlang haltbar und schmeckt erst richtig gut, wenn er ein paar Tage alt ist.

Englischer Teekuchen

Rührteig: 150 g Butter, 150 g Zucker,
1 Päckchen Vanillezucker, ½ Fläschchen Zitronenaroma,
1 Prise Salz, 3 Eier, 200 g Mehl,
100 g Speisestärke, ½ Päckchen Backpulver, ⅛ l Sahne,
150 g Rosinen oder Korinthen, 50 g gewürfeltes Zitronat,
50 g gewürfelte Belegkirschen, 1 EL Butter
Zum Bestäuben: Puderzucker

Nach den Grundregeln einen Rührteig herstellen und diesen in eine gefettete, bemehlte Kastenform (30 cm) füllen. Im vorgeheizten Backofen bei 200 Grad etwa 70 Minuten backen. Noch warm mit flüssiger Butter bestreichen und ausgekühlt mit Puderzucker bestäuben.

☞ Den Kuchen mit einer Schoko- oder Zitronenglasur überziehen. Er schmeckt auch sehr fein, wenn Sie die Früchte weglassen.

Himmelstorte

Rührteig: 250 g Butter, 200 g Zucker, 1 Päckchen Vanillezucker, 3 Eier,
500 g Mehl, 1 ½ TL Backpulver
Belag: 2 Eiweiß, 150 g blättrige Mandeln
Füllung: 3 TL gemahlene Gelatine, 3 EL Wasser, ½ l Sahne,
1 Päckchen Vanillezucker, 2 EL Zucker

Für den Teig die weiche Butter mit Zucker und Vanillezucker schaumig rühren und nach und nach die Eier und das gesiebte, mit Backpulver vermischte Mehl dazugeben. Den Boden einer Springform von 26 cm Durchmesser einfetten und mit ¼ des Teiges bestreichen. Dünn mit verschlagenem Eiweiß bestreichen und mit blättrigen Mandeln bestreuen. Den Boden bei 200 Grad etwa 15 Minuten goldgelb backen. Von dem restlichen Teig, dem Eiweiß und den Mandeln in gleicher Weise noch drei Böden backen.
Für die Füllung die Gelatine nach Vorschrift (auf der Packung) quellen lassen und auflösen. Die Sahne süßen und sehr steif

schlagen. Mit der abgekühlten, jedoch noch flüssigen Gelatine vermischen. Die Böden mit der Sahne bestreichen und zusammensetzen. Der letzte Boden erhält keine Sahneschicht. Nur der Rand der zusammengesetzten Torte wird mit Sahne bestrichen. Die Torte schmeckt am besten, wenn sie einen Tag vor dem Verzehr zubereitet wird und läßt sich dann auch gut schneiden.

☞ In die Sahne einige EL Preiselbeerkompott oder Zitronensaft mischen. Die angegebene Menge Zucker entfällt bei den Preiselbeeren, weil sie genügend Süßkraft besitzen.

Mandel- oder Nußtorte

*Rührteig: 140 g Butter, 140 g Zucker, 1 Ei, 3 Eigelb, 70 g Paniermehl,
70 g gemahlene Mandeln, 70 g dunkle Schokoladenraspeln, 3 Eiweiß
Zum Bestreichen: ½ Glas Aprikosenmarmelade, 1 Töpfchen Schokoladenglasur
Zum Dekorieren: Kleine Pralinen, Borkenschokolade, Mokkabohnen,
Nüsse oder abgezogene halbierte Mandeln*

Aus den angegebenen Zutaten einen Rührteig herstellen. Den steif geschlagenen Eischnee zum Schluß unterheben. Eine Springform von 24 cm Durchmesser mit Backpapier auslegen. Den Teig einfüllen und im vorgeheizten Backofen auf der mittleren Schiene bei 175 Grad etwa 30 Minuten backen. Den Rand der Form lösen, jedoch den Kuchen für 5 Minuten in der Form belassen. Dann auf ein Kuchengitter stürzen. Das Papier abziehen. Die Marmelade glattrühren und auf den Kuchen streichen. Auskühlen lassen und mit aufgelöster Schokoladenglasur überziehen. Mit Pralinen, Borkenschokolade oder Mokkabohnen verzieren.

☞ Nehmen Sie statt der Mandeln die gleiche Menge gemahlener Haselnüsse. So schmeckt der Kuchen kräftiger.

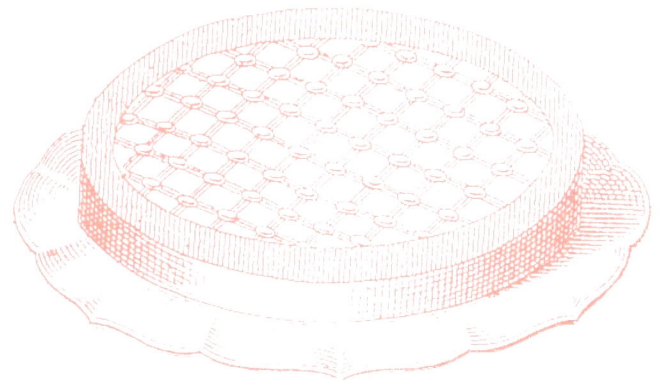

☞ Mischen Sie in eine der beiden Teigarten noch 1 Messerspitze Nelkenpulver und 1 TL Zimt. Bestreichen Sie den Kuchen dann statt mit Aprikosenmarmelade mit Preiselbeerkompott. So erhält er die Geschmacksrichtung einer Linzer Torte.

Rehrücken

Rührteig: 150 g Butter, 150 g Zucker, 100 g dunkle Schokolade, 6 Eier,
50 g Mehl, 50 g Biskuitbrösel, 50 g gemahlene Mandeln
Belag: 100 g dunkle Schokoladenglasur, 75 g Mandelstifte

Für den Teig die Butter mit der Hälfte des Zuckers schaumig weiß schlagen. Die Schokolade im Wasserbad oder in der Mikrowelle schmelzen. Die Eier trennen. Die Schokolade eßlöffelweise und die Eigelb nach und nach unterrühren. Die Eiweiß mit dem Rest Zucker gesondert steif schlagen. Danach unter den Teig heben. Mehl, Mandeln und Biskuitbrösel mischen und unterheben.

Eine Rehrückenform einfetten und ausbröseln. Den Teig einfüllen und im vorgeheizten Backofen bei 200 Grad etwa 50 Minuten backen. Stäbchenprobe! Den Kuchen 10 Minuten ruhen lassen, dann stürzen. Etwas auskühlen lassen.

Für den Belag die Schokoladenglasur im Wasserbad auflösen. Den Kuchen damit überziehen und sofort mit den Mandeln spicken.

Feine Mandeltorte

Rührteig: 200 g Butter, 200 g Puderzucker, 7 Eier, 200 g gemahlene Mandeln, 80 g Paniermehl, 1 TL Pulverkaffee, 80 g geriebene Blockschokolade
Zum Bestreichen: ½ l Schlagsahne, 1 Päckchen Sahnesteif, 1 Päckchen Vanillezucker
Krokant: 1 EL Butter, 40 g gehackte Mandeln, 1 EL Zucker, 1 TL Zimt

Für den Teig die Butter schaumig rühren. Nach und nach den gesiebten Puderzucker und das Eigelb dazurühren. Die geriebene Blockschokolade, den Puverkaffee und das Paniermehl dazugeben. Zuletzt das recht steif geschlagene Eiweiß und die gemahlenen Mandeln vorsichtig unterheben. Den Teig in eine gut ausgefettete Form füllen. Im vorgeheizten Backofen bei 180 Grad ca. 40 Minuten backen. Erst nach dem Auskühlen mit der steif geschlagenen Sahne bestreichen. Für den Krokant Butter, Mandeln, Zucker und Zimt in einer Pfanne karamelisieren, auskühlen lassen, zerstoßen und über die Torte streuen.

Schichttorte

Die Zutatenangaben sind für eine Springform von 24 cm Durchmesser bemessen und ergeben 8-10 Schichten, eignen sich aber auch für eine 30 cm lange Kastenform.

Rührteig: 250 g Butter, 250 g Zucker, 1 Päckchen Vanillezucker, 3 Eigelb, 3 Eier, 30 g gemahlene Mandeln, 1 EL Rum, 185 g Mehl, 70 g Speisestärke, 2 TL Backpulver, 3 Eiweiß,
Zum Bestreichen: ½ Glas Aprikosenmarmelade, Zuckerglasur aus Puderzucker, Zitronensaft und Rum oder Maraschinolikör

Für den Teig Butter und Zucker schaumig rühren. Nach und nach die Eigelb und die ganzen Eier zugeben und den Teig schaumig weiß schlagen. Mehl, Speisestärke und Backpulver mischen und mit den Mandeln und dem Rum einarbeiten. Die Eiweiß steif schlagen und vorsichtig unterheben. Eine Springform mit Backpapier auslegen. Eine kleine Suppenkelle voll Teig (die Schichten sollen möglichst dünn sein) auf dem Boden verstreichen. Im vorgeheizten Backofen auf der höchstmöglichen Schiene bei 250–300 Grad in 1–2 Minuten goldgelb backen. Die Form aus dem Backofen nehmen und wiederum eine Kelle voll Teig darauf streichen. Fortlaufend so weiterarbeiten, bis der Teig verbraucht ist. Das Backen erfordert Geduld, da die Schichten so schnell braun werden, daß man keine andere Arbeit zwischendurch erledigen kann. Den fertigen Kuchen in der Form etwas auskühlen lassen.

Dann mit heißer Aprikosenmarmelade bestreichen. Aus der Form nehmen und ausgekühlt mit Zuckerglasur, der man etwas Maraschinolikör oder Rum beigemischt hat, überziehen.

☞ Bevor der Zuckerguß aufgetragen wird, die Torte mit einer dünn ausgewellten Platte Rohmarzipan belegen.

☞ Den Teig teilen und in eine Hälfte 1–2 EL Kakaopulver rühren. Die Schichten abwechselnd auftragen.

Kirschtorte „Berlin"

Kirschtorte „Berlin" ist eine moderne Variante der Schichttorte. Sie ist herzhaft und saftig. An Teigmenge brauchen Sie nur die Hälfte der im vorherigen Rezept angegebenen Zutaten (1 Ei, 2 Eigelb, 2 Eiweiß). Die Schichten wie beschrieben backen und den Kuchen auf einem Kuchengitter auskühlen lassen. Dann mit Kirschkonfitüre bestreichen.

Belag: 750 g frische, entsteinte Schwarzkirschen oder 900 g Sauerkirschen oder Schwarzkirschen aus dem Glas, 2 EL Zucker, 4 cl Kirschwasser, knapp ½ l Kirschsaft, 1 Päckchen roter Tortenguß, 50 g geröstete Mandelblättchen

Frische Kirschen mit 2 EL Wasser aufkochen und etwas Saft ziehen lassen. Die Kirschen abtropfen, den Saft auffangen und die Kirschen dicht nebeneinander auf die Torte legen.

Knapp ¼ l Saft mit dem Zucker und dem Tortenguß verquirlen und zum Kochen bringen. Das Kirschwasser zufügen. Gut durchrühren. Die Glasur über die Kirschen ziehen. Den Rand der Torte mit Marmelade bestreichen und mit gerösteten Mandeln garnieren. Geschlagene Sahne dazu reichen.

Meine Mi-, meine Ma-, meine Mutter schickt mich her,
ob der Ki-, ob der Ka-, ob der Kuchen fertig wär.
Wenn er ni-, wenn er na-, wenn er noch nicht fertig wär,
käm ich mi-, käm ich ma-, käm ich morgen nochmal her.

Versunkene Kirschtorte

Diese Torte kann man nur im Frühsommer backen, da sie mit frischen Kirschen zubereitet wird.

Rührteig: 180 g Zucker, 180 g Butter, 6 Eier, 100 g geriebene Blockschokolade, 70 g gemahlene Mandeln, 70 g gemahlene Haselnüsse, 120 g Paniermehl, 1 EL Pulverkaffee, 750 g entsteinte Süßkirschen
Zum Bestäuben: Puderzucker

Die Butter mit dem Zucker schaumig rühren. Die Eier trennen. Nach und nach das Eigelb, die geriebene Schokolade, die Mandeln, die Nüsse, das Paniermehl und der Pulverkaffee unterrühren. Zuletzt das steif geschlagene Eiweiß vorsichtig unterheben. Die Masse in eine gut gefettete und mit Mehl ausgestäubte Springform von 26 cm Durchmesser füllen und mit den entsteinten Kirschen belegen. Die Kirschen rutschen beim Backen in den Teig. Die Backzeit beträgt ca. 60 Minuten bei 175 Grad. Nach dem Auskühlen mit Puderzucker bestäuben.

Apfelkuchen, fein

Rührteig: 100 g Butter, 125 g Zucker, 2 Eier, 4 Tropfen Backöl Zitrone,
200 g Mehl, 2 TL Backpulver, etwas Milch
Belag: 1 kg Äpfel (Boskop), Zimt-Zucker, 200 g Mandelblättchen,
Butterflöckchen

Nach den Grundregeln einen Rührteig herstellen und diesen in eine mit Backpapier ausgelegte Springform von 26 cm Durchmesser geben.

Für den Belag die Äpfel schälen, halbieren und vierteln (bei großen Äpfeln achteln) und dabei das Kerngehäuse herausschneiden. Fächerförmig dicht bei dicht wie einen Kranz in den Teig drücken. Mit Zimt-Zucker und mit Mandelblättchen bestreuen. Butterflöckchen aufsetzen. Im vorgeheizten Backofen bei 175 Grad etwa 40–50 Minuten backen. Stäbchenprobe machen!

Festtagstorte

Rührteig: 125 g Butter, 125 g Zucker, 1 Päckchen Vanillezucker, 4 Eigelb,
2 EL Milch, 150 g Mehl, 2 TL Backpulver
Baiser: 4 Eiweiß, 125 g Zucker, 100 g gehackte Mandeln
Belag: ⅛ l Wasser, 100 g Zucker, 5 TL Speisestärke, Saft von 2 Zitronen,
½ l Sahne, Schokoladenraspeln

Den Kuchen einen Tag vor dem Verzehr backen und kühl stellen.
2 Springformen von 26 cm Durchmesser mit Backpapier auslegen.
Aus den angegebenen Zutaten einen luftigen Rührteig schlagen.

Auf die beiden Formen verteilen. Eiweiß mit Zucker und Mandeln zu steifem Schnee schlagen und auf die Böden streichen. Im vorgeheizten Backofen bei 200 Grad etwa 30 Minuten backen.

Für den Belag Wasser, Zucker und Stärke verrühren und zu einer glatten Creme aufkochen. Den Zitronensaft unterrühren. Die Sahne steif schlagen und vorsichtig $^2/_3$ davon unter den abgekühlten Brei heben. Auskühlen lassen.

Den unteren Boden mit $^2/_3$ der Creme bestreichen. Den oberen Boden auflegen und rundum mit Creme bestreichen. Die restliche Sahne in einen Spritzbeutel füllen und die Torte damit verzieren. Mit Schokoraspeln bestreuen.

Eierlikörtorte

*Rührteig: 80 g Butter, 80 g Zucker, 1 Päckchen Vanillezucker, 5 Eigelb,
200 g gemahlene Nüsse oder Mandeln, 1 TL Backpulver, 100 g gehackte
dunkle Schokolade, 1 EL Weinbrand, 1 EL Rum, 5 Eiweiß
Belag: ½ l Sahne, 1 EL Puderzucker, 1 Tütchen Sahnesteif,
einige EL Eierlikör, Raspelschokolade*

Für den Teig Butter und Zucker schaumig rühren, nach und nach die Eigelb einarbeiten, danach unter Rühren die Nüsse oder Mandeln, das Backpulver, die Schokolade und den Alkohol. Die Eiweiß zu steifem Schnee schlagen und vorsichtig unter den Teig heben. Eine mit Backpapier ausgelegte Springform von 26 cm Durchmesser mit dem Teig füllen. Im vorgeheizten Backofen auf der mittleren Schiene bei 150 Grad etwa 45 Minuten backen. Stäbchenprobe! In der Form auskühlen lassen.

Für den Belag die Sahne zuckern und mit dem Sahnesteif sehr fest schlagen. Den Kuchen ringsum damit bestreichen. Den Rest Sahne in eine Spritztülle füllen. Einen Rand ringsum spritzen. In die Mitte einige EL Eierlikör laufen lassen und zu einem glatten Spiegel verstreichen. Den Sahnerand mit Schokoraspeln bestreuen.

Backe, backe Rührkuchen

Herrentorte

*Rührteig: 200 g Butter, 200 g Zucker, 200 g gemahlene Haselnüsse,
150 g Mehl, 3 Eier, 1 TL Backpulver, 50 g geriebene dunkle Schokolade
Füllung: 1 Päckchen gemahlene weiße Gelatine, ½ l Sahne,
100 g Rumrosinen, 50 g gewürfeltes Zitronat
Verzierung: 2 EL dunkler Kakao, 50 g Marzipan*

Aus den Teigzutaten einen Rührteig herstellen. 3 Springformen
von 26 cm Durchmesser mit Backpapier auslegen. Den Teig darauf
verteilen. Im vorgeheizten Backofen bei 175 Grad auf mittlerer
Schiene etwa 20 Minuten backen.
Für die Füllung die Gelatine zum Quellen ansetzen. Die Sahne steif
schlagen. ⅓ davon abnehmen. Unter die restliche Sahne die
Rosinen und das Zitronat geben. Die Gelatine auflösen und unterheben. Wenn die Füllung beginnt steif zu werden, streicht man
sie auf 2 der ausgekühlten Böden und setzt sie zusammen.
Den dritten Boden auflegen. Rundum mit Sahne bestreichen.

Den Kakao darüber sieben. Marzipan ausrollen und kleine Figuren ausstechen. Diese als Verzierung auf die Torte legen.

☞ Eine ebenso beliebte Füllung ist: 6 cl Rum, ½ l Sahne, 1 Glas Preiselbeeren, 1 Päckchen gemahlene Gelatine. Jeden Boden mit 2 cl Rum tränken. Die Sahne steif schlagen. ⅓ davon beiseite stellen. Die übrige Sahne mit Preiselbeeren und der aufgelösten Gelatine mischen und zwischen die Böden streichen. Den dritten Boden auflegen und wie oben beschrieben weiterarbeiten. Wichtig: Am Vortag backen.

Rotweintorte

Teig: 125 g Butter, 125 g Zucker, 1 Ei, 2 EL Paniermehl, 1 TL Backpulver,
125 g gemahlene Nüsse
Zum Bestreichen: 1 Glas Preiselbeeren, 1/2 l Sahne, Sahnesteif,
1 EL Zucker, 2 Fläschchen Butter-Vanillearoma, 3/8 l trockener Rotwein,
1 EL Zucker, 1 Päckchen gemahlene rote Gelatine

Aus den Zutaten einen luftigen Rührteig herstellen und diesen im vorgeheizten Backofen bei 175 Grad in einer Springform von 26 cm Durchmesser 30 Minuten backen. Stäbchenprobe! Nach dem Auskühlen vorsichtig einmal waagerecht durchschneiden. Den unteren Boden wieder in die Form legen. Darauf Preiselbeeren streichen. Die Sahne süßen und aromatisieren. Mit Sahnesteif fest schlagen. Die Hälfte der Sahne auf die Preiselbeeren streichen. Den zweiten Boden auflegen. Mit Sahne bestreichen. Die Gelatine vorquellen und nach 10 Minuten warm auflösen. Den Rotwein süßen, mit der flüssigen Gelatine binden und auf den Kuchen streichen. Im Kühlschrank erstarren lassen. Aus der Form lösen und die Ränder mit der restlichen Sahne bestreichen.

Zur Feier des Tages: Torten aus Biskuitteig

Torten aus Biskuitteig

Biskuitteig ist eine lockere Gebäckart, die mit wenig Mehl, aber mit vielen Eiern hergestellt wird. Der Eischnee gibt dem Teig einerseits Standfestigkeit, andererseits lockert er ihn ohne Treibmittel. Butter wird gewöhnlich nicht mitverarbeitet. Das Zutatenverhältnis beträgt 1:3, d.h. pro Ei 1 EL heißes Wasser und jeweils 30 g Zucker und 30 g Mehl/Stärkemehl. Wenn Sie folgendes Rezept als Grundlage nehmen, gelingt der Kuchen immer.

Grundrezept

6 Eier (Gewichtsklasse 3), 180 g Zucker, 6 EL heißes Wasser, 1 Päckchen Vanillezucker, 1 Prise Salz, 100 g Mehl, 80 g Speisestärke

Die Eier trennen. Die Eigelb mit Zucker, Salz und Wasser schaumig weiß geschlagen. In einer anderen Schüssel die Eiweiß sehr steif schlagen. Den Eischnee unter die Eigelbmasse heben. Danach vorsichtig das Mehl und das Stärkemehl unterheben, nicht schlagen. Eine Springform von 26 cm Durchmesser mit Backpapier auslegen, nicht fetten. Den Teig einfüllen und sofort im vorgeheizten Backofen bei 175 Grad etwa 45-50 Minuten backen. Wollen Sie einen dunklen Kuchen herstellen, ersetzen Sie 1 EL Mehl durch 1 EL Kakaopulver. Nach dem Backen den Rand der Form lösen und den Kuchen auf ein Gitter stürzen. Das Papier erst nach dem Erkalten abziehen.

☞ Biskuits, die man füllen will, erst nach dem völligen Erkalten durchschneiden, am besten am nächsten Tag.

Torten aus Biskuitteig

Birnentorte

*Biskuitteig: 3 Eier, 3 EL heißes Wasser, 100 g Zucker,
1 Päckchen Vanillezucker, 70 g Mehl, 40 g Stärkemehl
Füllung: Rum zum Tränken des Bodens, 3 Eigelb, 150 g Zucker, ½ l Milch,
1 Päckchen Vanillezucker, 1 TL Stärkemehl, 1 Päckchen gemahlene weiße
Gelatine, ½ l Sahne, 1 EL Rum, 1 große Dose halbierte Williams-Christ-
Birnen, ½ Päckchen heller Tortenguß, 50 g in Butter geröstete Mandeln*

Nach dem Grundrezept den Teig herstellen und in eine Springform
von 26 cm Durchmesser füllen. Im vorgeheizten Backofen bei
175 Grad ca. 30 Minuten backen.

Für die Füllung das Eigelb mit dem Zucker und dem Vanillezucker
schaumig rühren. Die Milch erhitzen und zu der Schaummasse
geben, ebenfalls das mit etwas kalter Milch angerührte
Stärkemehl. Die Masse bei geringer Hitze unter ständigem Rühren
dick einkochen. Die Gelatine nach Vorschrift auf der Packung quellen lassen, auflösen und zur Creme geben. Kalt stellen. Wenn die

Creme steif zu werden beginnt, die Schlagsahne unterheben. Nun den Biskuitboden lösen, jedoch in der Form belassen. Den Rand der Form mit einem Pergamentpapierstreifen auslegen und den Boden mit etwas Rum tränken. $2/3$ der Creme hineingeben, glatt streichen und im Kühlschrank stocken lassen, den Ring lösen. Die abgetropften Birnen kreisförmig verteilen. Den Rand mit der restlichen Creme bestreichen. Etwas Birnensaft mit Tortenguß andicken und die Birnen damit überziehen. Den Rand der Torte mit in Butter gerösteten Mandelblättchen bestreuen. Bis zum Servieren in den Kühlschrank stellen.

Torten aus Biskuitteig

Festliche Ananastorte

*Biskuitteig: 5 Eier, 5 EL heißes Wasser, 80 g Mehl, 80 g Stärkemehl,
200 g Zucker, 2 EL Kakao, 40 g feingeriebene Schokolade,
3 gestrichene TL Backpulver
Füllung: Rum zum Tränken der Böden, ¾ l Sahne, 3 Päckchen Sahnesteif,
3 Vanillezucker, 100 g grobgeraspelte Schokolade, 1 Dose Ananasstücke*

Für den Teig die Eier trennen und die Eigelb mit Wasser und
Zucker schaumig rühren, bis eine cremige Masse entsteht. Die
Eiweiß steif schlagen und zusammen mit dem Kakao und der
geriebenen Schokolade auf die Schaummasse geben. Die
Speisestärke mit Mehl und Backpulver vermischen, sieben und
unterheben. Den Teig sofort in eine mit Backpapier ausgelegte
Springform von 24 cm Durchmesser füllen und im vorgeheizten
Backofen bei 190 Grad ca. 40 Minuten backen. Nach dem
Auskühlen des Kuchens den Rand vorsichtig mit einem Messer
lösen und den Boden auf ein Kuchengitter stürzen. Das Papier

nach dem Erkalten abziehen. Den Kuchen mit einem scharfen Messer oder einem Tortenschneider zweimal durchschneiden.

Den unteren Boden auf eine Tortenplatte legen, mit etwas Rum tränken und mit der Hälfte der geraspelten Ananasstücke belegen. Darüber kommt $1/3$ der mit Sahnesteif und Vanillezucker geschlagenen Sahne und $1/3$ grob geraspelte Schokolade. Den zweiten Boden auflegen, wieder mit Rum tränken und weiter verfahren wie beim ersten Mal. Den dritten Boden darübergeben, mit Rum tränken und die Torte von außen mit der restlichen Sahne bestreichen. Obenauf mit Schokolade bestreuen.

☞ Wenn die Torte für 1 Stunde in der Tiefkühltruhe ruht, läßt sie sich besser schneiden.

Hinterm Hause Nummer drei
ist die schöne Bäckerei.
Dort gibt's Torten, alle Sorten,
Zuckerbrezeln, süße Kuchen,
wollen Sie davon versuchen?
Danke sehr, ich hätte gern:
Gugelhupf und Mandelstern!

Walnußtorte

*Biskuitteig: 150 g Walnußkerne, 4 Eier, 3 EL kaltes Wasser, 1 Prise Salz,
150 g Zucker, 150 g Mehl*
*Füllung: 75 g Walnußkerne, ½ l Sahne, 50 g Zucker, 1 Päckchen Vanillezucker,
1 Päckchen weiße gemahlene Gelatine oder 2 Tütchen Sahnesteif*

Für den Teig die Walnußkerne fein hacken. Nach dem Grundrezept den Biskuitteig backen und mit den Nüssen anreichern. Eine Springform von 26 cm Durchmesser mit Backpapier belegen. Den Teig einfüllen und bei 180 Grad 30 Minuten im vorgeheizten Backofen backen. Auf ein Kuchengitter stürzen und auskühlen lassen. In 3 gleiche Böden teilen. Von den Walnüssen einige zum Garnieren aufheben, die übrigen hacken. Die Sahne süßen, steif schlagen und mit aufgelöster Gelatine oder Sahnesteif festigen. Die Walnüsse unterheben. Die Böden mit der Walnußsahne zusammensetzen. Rundum damit bestreichen und verzieren. Die restlichen Walnußhälften als Dekoration aufsetzen.

Torten aus Biskuitteig

Buchweizentorte mit Preiselbeeren

Biskuitteig: 6 Eier, 250 g Zucker, 6 EL kaltes Wasser, 100 g Buchweizenmehl,
1 EL Stärkemehl, 1 Päckchen Backpulver
Füllung: 200 g Preiselbeeren, 1/2 l Sahne, 2 Päckchen Vanillezucker,
2 Päckchen Sahnesteif, Schokoladenraspeln

Die Eier trennen und die Eiweiß sehr steif schlagen. Die Eigelb mit Zucker und Wasser schaumig schlagen. Vorsichtig den Eischnee unterheben. Das Buchweizenmehl mit Stärkemehl und Backpulver vermischen und schnell mit einem Schneebesen unterheben. Eine mittlere Springform mit Backpapier belegen und mit Teig füllen. Im vorgeheizten Backofen auf der untersten Schiene bei 225 Grad etwa 30 Minuten backen.

Den ausgekühlten Boden zweimal durchschneiden und zuerst mit Preiselbeeren und dann mit steif geschlagener Sahne bestreichen. Die Torte mit Schlagsahne überziehen und obenauf ganz mit Schokoladenraspeln bestreuen, der Rand jedoch bleibt weiß.

Auf jedes Tortenstück einen Sahnetupfer spritzen, der mit wenig Preiselbeeren verziert wird.

☞ Statt der Preiselbeeren abgetropfte Sauerkirschen aus dem Glas nehmen.

☞ 100 g geriebene Blockschokolade zusätzlich in den Teig rühren.

Torten aus Biskuitteig

Apfeltorte

Mürbeteig: 60 g Butter, 60 g Zucker, 1 Päckchen Vanillezucker,
3–4 Tropfen Vanille-Aroma, 1 Ei,
½ TL Backpulver, 120 g Mehl
Biskuitteig: 2 Eigelb, 2 EL warmes Wasser, 100 g Zucker, 1 Päckchen
Vanillezucker, 2 Eiweiß, 75 g Mehl, 50 g Speisestärke, 1 TL Backpulver
Obstfüllung: ½ Glas Quittenmarmelade oder Apfelgelee, 750 g Äpfel,
½ l Weißwein, 2–3 EL Speisestärke
Cremefüllung: ½ l Wasser, Saft von 3 Zitronen,
abgeriebene Schale von ½ unbehandelten Zitrone,
2 Eigelb, ⅛ l Sahne, 100 g Zucker,
1 Päckchen gemahlene weiße Gelatine
Zum Überziehen und Garnieren: ⅛ l Sahne, 1 EL Zucker,
abgeriebene Schale von ½ Zitrone, 1 Päckchen Vanillezucker

In einer Springform von 26 cm Durchmesser je einen Mürbeteig
ohne Rand und einen Bikuitteig nach den Grundanweisungen

backen. Nach dem Auskühlen den Biskuitboden einmal durchschneiden. Den Mürbeteigboden mit Marmelade bestreichen und einen Biskuitboden auflegen. Die Äpfel schälen, vierteln, das Kerngehäuse herausschneiden und die Stücke in Scheiben schneiden. In Wein halbweich dünsten. Vorsicht, das geht sehr schnell! Die Äpfel sollen nicht zerfallen! Die Scheibchen herausnehmen, den Wein andicken und vorsichtig mit den Apfelscheiben mischen. Auf die Torte geben.

Für die Cremefüllung 2 Eigelb mit Zucker schaumig rühren. Das Wasser, den Zitronensaft und -abrieb dazugeben. Die Gelatine quellen lassen und auflösen. Die Sahne steif schlagen. Die Hälfte der Sahne und die aufgelöste Gelatine in die Creme rühren. Wenn sie steif zu werden beginnt, über die Äpfel streichen. Den zweiten Biskuitboden auflegen. Mit der restlichen Sahne, in die man noch etwas Zitronenschale reibt und Zucker gibt, die Torte verzieren. Gut durchkühlen lassen.

☞ Da die Torte sehr mächtig ist, am besten in 16 Stücke teilen.

Torten aus Biskuitteig

Aprikosenschaumtorte

*Biskuitteig: 150 g feiner Zucker, 2 Eigelb, 3 EL Wasser, 2 EL Öl,
1 Päckchen Vanillezucker, 100 g Blockschokolade, 1 TL Backpulver,
in 120 g Mehl gemischt, 2 Eiweiß
Belag: 1 Päckchen gemahlene weiße Gelatine, 3 EL Weißwein,
½ Glas Aprikosenkonfitüre, ¼ l Sahne, 2 EL Zucker, 2 cl Marillenlikör
Garnierung: Geraspelte Blockschokolade*

Zucker, Eigelb, Wasser und Öl schaumig rühren. Die Schokolade im Wasserbad schmelzen. Wenn abgekühlt, eßlöffelweise in die Schaummasse einarbeiten. Das Eiweiß zu steifem Schnee schlagen und auf die Schaummasse setzen. Darüber das Backpulver-Mehl-Gemisch geben. Alles vorsichtig unterheben. In eine mit Backpapier ausgelegte Springform von 26 cm Durchmesser füllen. Im vorgeheizten Backofen auf der untersten Schiene bei 180 Grad 30 Minuten backen.

Für den Belag die Gelatine in dem Weißwein 10 Minuten lang quellen lassen und dann auf der Herdplatte klären. Die Sahne mit dem Zucker steif schlagen. Den Likör und die Konfitüre einarbeiten und mit der aufgelösten Gelatine binden. Die ausgekühlte Torte mit dem Belag bestreichen. Mit Blockschokoladenraspeln garnieren. Gut durchkühlen lassen, aber möglichst bald verzehren.

Marzipantorte

1 Mürbeteig (Grundrezept), 1 Glas Aprikosenmarmelade,
1 Biskuitteig (Grundrezept)
Füllung: 250 g Marzipanrohmasse, 100 g Puderzucker, 2 Gläschen Rum oder
Weinbrand, etwas heißes Wasser, 50 g abgezogene gemahlene Mandeln
Belag: 300 g Marzipanrohmasse, 150 g Puderzucker,
einige Schokoladen-Deko-Blättchen, Belegkirschen

Den Mürbeteig nach dem Backen mit $2/3$ der Marmelade bestreichen. Den Biskuitteig in 3 waagerechte Scheiben schneiden. Den ersten Boden auflegen. Für die Füllung die Marzipanrohmasse, den Zucker, Rum und die Mandeln mit so viel heißem Wasser verrühren, daß eine streichfähige Masse entsteht. Die Hälfte davon auf den ersten Biskuitteig streichen. Den zweiten Boden auflegen. Wieder bestreichen und den dritten Boden auflegen. Mit der restlichen Marmelade bestreichen.
Für den Belag die Marzipanrohmasse mit Puderzucker verkneten

und auf Puderzucker ganz dünn ausrollen. Wie einen Mantel die Torte darin einhüllen. Wenn das Schwierigkeiten bereitet, dann schneiden Sie die runde Decke aus und legen sie auf. Den Rest Marzipan rollen Sie zu einem langen Streifen aus und legen diesen um den Rand. Fest andrücken. Mit Deko-Blättern und halbierten Belegkirschen verzieren.

☞ Die Biskuitböden leicht mit Rum beträufeln.

Sherry-Cake

Biskuitteig: 4 Eier, 2 EL heißes Wasser, 150 g Zucker, 1 Prise Salz, 170 g Mehl
Füllung: 150 g Butter, 150 g Puderzucker, 4 Schnapsgläschen Sherry
(16–17 Vol.-%), 100 g Mandelmakrönchen, Sherry zum Bepinseln

Einen Biskuitteig herstellen. Eine Springform (26 cm Durchmesser) mit Backpapier belegen. Den Teig im vorgeheizten Backofen bei 220 Grad 15 Minuten backen.

Für die Füllung die Butter schaumig rühren. Nach und nach den Puderzucker und den Sherry unterrühren. Die Makrönchen zerbröseln. Die Hälfte unter die Creme rühren. Den erkalteten Kuchen mit Sherry bepinseln, bis er feucht ist. Mit der Creme bestreichen. Den Rand und obenauf mit Bröseln bestreuen. Gut durchkühlen lassen und danach in feine Streifen schneiden.

☞ Harmoniert gut mit Tee.

Schoko-Mint-Kuchen

Biskuitteig: 40 g Butter, 60 g gehackte Nüsse, 3 Eier, 3 EL kaltes Wasser,
100 g Zucker, 45 g Mehl, 45 g Speisestärke, 1 TL Backpulver, 1 EL Kakao
Füllung: 30 g Speisestärke, ½ TL Kakao, ¼ l Milch, 1 EL Zucker,
40 g dunkle Schokolade, ⅛ l Sahne, 2 EL Schoko-Mint-Likör
Guß: 200 g dunkle Schokoladenglasur
Zum Dekorieren: 5 After-Eight-Täfelchen

Die Nüsse in Butter anrösten. Nach dem Grundrezept einen
Biskuitteig herstellen. Die Nüsse mit dem Mehl zusammen unter-
heben. Eine Kastenform von 30 cm Länge am Boden mit
Backpapier auslegen. Den Teig einfüllen. Im vorgeheizten
Backofen bei 200 Grad 40 Minuten backen. Stäbchenprobe!
Nach dem Backen auskühlen lassen und der Länge nach zweimal
durchschneiden. Die Speisestärke und den Kakao in etwas kalter
Milch anrühren. Die restliche Milch mit dem Zucker und der
Schokolade erhitzen, bis sich die Schokolade aufgelöst hat.

Ene mene mintzen,
wer backt Plintzen?
Wer backt Kuchen?
Der muß suchen!

Kinderabzählreim

Die angerührte Stärke einrühren und unter Schlagen zum Kochen bringen. Danach die Masse erkalten lassen und währenddessen öfter umrühren, damit sich keine Haut bildet. Die Sahne steif schlagen. Unter Schlagen den Likör einfließen lassen. Die Kuchenböden mit der Füllung bestreichen und vorsichtig zusammensetzen. Mit aufgelöster Glasur bestreichen. Die After-Eight-Täfelchen diagonal teilen und hochkant in die noch warme Glasur setzen. Eventuell zusätzlich mit frischen Minzblättchen garnieren.

Torten aus Biskuitteig

Himbeerschnitten

Biskuitteig: 4 Eier, 4 EL kaltes Wasser, 1 Prise Salz, 200 g Zucker,
100 g Mehl, 100 g Speisestärke
Füllung: 1 Päckchen gemahlene rote Gelatine, 1 Gläschen Himbeergeist,
500 g TK Himbeeren, ½ l Sahne, 75 g Puderzucker,
Puderzucker zum Bestreuen

Einen lockeren Biskuitteig herstellen. Ein Backblech mit
Backpapier auslegen und die offene Seite hochfalzen, damit der
Teig nicht herunterfließt. Das Blech in den auf 200 Grad vorge-
heizten Backofen schieben und 15–20 Minuten backen.

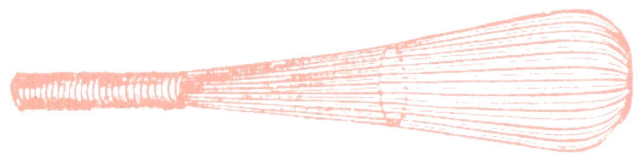

Für die Füllung die Gelatine zum Quellen anrühren. Die aufgetauten Himbeeren durch ein Sieb streichen und zuckern. Die Sahne steif schlagen, das Himbeermus, den Alkohol und die aufgelöste Gelatine untermengen. In den Kühlschrank stellen. Den Biskuitteig aus dem Backofen nehmen und auf ein mit Zucker bestreutes Küchentuch stürzen. Das Backpapier abziehen (evtl. vorher anfeuchten). In zwei Teile schneiden. Die eine Hälfte mit der Himbeercreme dick bestreichen. Die andere Hälfte auflegen. Mit Puderzucker bestreuen und gut durchkühlen lassen. In gleichmäßige Quadrate schneiden. Dazu das Messer vorher in heißes Wasser tauchen, damit nichts an der Klinge hängen bleibt.

Hefeteig

Hefeteig

Folgende Regeln sollten Sie unbedingt beachten, dann wird Ihnen Ihr Hefeteig immer gleich gut gelingen.

☞ Alle Zutaten sollten Zimmertemperatur haben. Die Butter und die Milch, die man verarbeitet, sollten lauwarm sein. Bei niedriger Temperatur arbeiten die Hefepilze nicht, bei zu hoher verlieren sie ihre Eigenschaft als Lockerungsmittel.

☞ Die Hefe sollte unbedingt frisch sein. Man erkennt die Frische an dem gelb-grauen Aussehen, dem säuerlichen Geruch und an einer gewissen feuchten Beschaffenheit. Einfacher, auch in der Vorratshaltung, ist die Trockenhefe, die durch Entzug von Feuchtigkeit auf eine bestimmte Dauer haltbar gemacht wurde. Frische Hefe verdirbt schnell.

☞ Die Hefe nie direkt mit der Butter verarbeiten. Also immer von außen nach innen kneten oder rühren.

Grundrezept Hefe-Knetteig

500 g Mehl, 40 g Hefe, $^1/_8$–$^1/_4$ l Milch, knapp $^1/_2$ TL Salz,
60 g Butter, 60 g Zucker

Das Mehl in eine Schüssel sieben, in die Mitte eine Vertiefung drücken, die Hefe hineinbröckeln und mit 4 EL warmer Milch, 2 TL Zucker und etwas Mehl verrühren. Die weiche, in Flöckchen zerteilte Butter, den restlichen Zucker und das Salz auf den Mehlrand geben. Darauf achten, daß die Butter nicht in die Hefe fließt. Geschmackszutaten, wie abgeriebene Zitronenschale, Vanillezucker oder Rum, werden auf dem Mehlrand verteilt. Die Schüssel an einen warmen Ort stellen. Wenn die angerührte Hefemenge sich verdoppelt hat, kann der Teig weiterverarbeitet werden. Die aufgegangene Hefe mit der restlichen, erwärmten Milch und den anderen Zutaten verrühren. Den Teig mit einem Holzlöffel tüchtig abschlagen und mit den Händen kräftig durchkneten. Dann gehen lassen. Anschließend je nach Rezept verwenden.

Grundrezept Hefe-Rührteig

500 g Mehl, 40 g Hefe, ¹/₈–¹/₄ l Milch, knapp ¹/₂ TL Salz, 125 g Butter,
125 g Zucker, 1–2 Eier

Das Mehl in eine große Schüssel sieben, in die Mitte eine Vertiefung drücken und die Hefe hineinbröckeln und mit 4 EL warmer Milch, 2 TL Zucker und etwas Mehl verrühren. Die Schüssel an einen warmen Ort stellen, mit einem Geschirrtuch abdecken und die Hefe gehen lassen. Der Teig verträgt keine Zugluft. Wenn sich die angerührte Hefemenge verdoppelt hat, kann der Teig weiterverarbeitet werden.

Die Butter mit dem Zucker und den Eiern schaumig rühren. Sind in den Rezepten Geschmackszutaten wie Vanillezucker, Rum, abgeriebene Zitronenschale und Salz angeführt, kommen diese in die Schaummasse. Diese Schaummasse in die angerührte Hefe geben und mit der restlichen warmen Milch zu einem Teig verarbeiten. Den Teig mit einem Holzlöffel tüchtig schlagen, bis er sich vom

Schüsselrand löst; er muß reißend vom Löffel fallen. Den Teig gehen lassen, bis sich die Menge verdoppelt hat. Anschließend wie in den Rezepten beschrieben weiterverarbeiten.

☞ Einen Hefeteig zuzubereiten, ist leichter, als manche meinen, dazu braucht es nur ein wenig Zeit und Geduld.

Butterkuchen

Hefeteig: 500 g gesiebtes Weizenmehl, ½ l lauwarme Milch,
40 g zerbröckelte Hefe, 100 g Butter, 75 g Zucker, 2 Eigelb,
1 Messerspitze Muskatblüte, 1 Messerspitze Salz
Zum Bestreichen: 125 g zerlassene Butter, 140 g Zimt-Zucker,
1 EL Rosenwasser

Aus den Zutaten nach dem Grundrezept einen Teig kneten. Den zugedeckten Teig auf einer mehligen Platte nochmals aufgehen lassen. Den Teig ausrollen, auf ein gebuttertes Backblech legen und ein drittes Mal gehen lassen. Den rohen Blechkuchen mit einer Gabel in Abständen einpieken, damit er beim Backen keine Blasen wirft. Mit zerlassener Butter und Rosenwasser bestreichen und mit Zimt-Zucker bestreuen. Im vorgeheizten Backofen auf der mittleren Schiene bei 200 Grad ca. 25 Minuten backen. Aus dem Backofen nehmen und auskühlen lassen. In Quadrate schneiden. ☞ Mandelblättchen aufstreuen.

Streuselkuchen

1 Hefeteig (s. Rezept Butterkuchen)
Zum Bestreichen: 100 g Butter
Für die Streusel: 125 g zerlassene Butter, 125 g gesiebtes Weizenmehl,
125 g Zucker, 40 g grob gehackte süße Mandeln, 3 g gemahlener Zimt

Den Teig auf einem Blech ausrollen und mit zerlassener Butter bestreichen.

Für die Streusel die zerlassene Butter, das gesiebte Mehl, den Zucker, die Mandeln und den Zimt mit der Hand trocken durchmengen, so daß kleine Krümel entstehen. Diese Streusel gleichmäßig über den Kuchen verstreuen. Im vorgeheizten Backofen auf der mittleren Schiene bei 200 Grad 25–30 Minuten backen.

Apfel- oder Pflaumenkuchen vom Blech

1 Hefeteig (s. Rezept Butterkuchen)
Belag: 1½ kg Äpfel (Boskop) oder Zwetschgen, 50 g gehackte Nüsse,
100 g Zimt-Zucker

Den Teig wie beim Butterkuchen vorbereiten. Die Äpfel schälen, entkernen, in Scheiben schneiden und nebeneinander auf den Teig legen.

Die Pflaumen putzen, entsteinen, halbieren und mit der Innenseite nach oben auf den Teig legen.

Das Obst mit gehackten Nüssen bestreuen. Im vorgeheizten Backofen bei 220 Grad etwa 20 Minuten backen. Vor dem Servieren in Stücke schneiden und mit Zimt-Zucker bestreuen.

Savarin

Savarins sind kleine oder auch große Hefekuchen, die in Spezial-Ringformen gebacken und mit einer Alkohol-Zucker-Lösung getränkt werden. In die Mitte des Ringes gibt man geschlagene Sahne und Früchte, die mit dem jeweiligen Alkohol harmonieren. Benannt worden sind diese Kuchen nach dem Richter und Gastrosophen Brillat-Savarin, der von 1755 bis 1826 in Paris lebte.

Hefeteig: 250 g Mehl, 20 g Hefe, 3 EL lauwarme Milch,
1 EL Zucker, 2 Eier, 1 Päckchen Vanillezucker, 1 Prise Salz,
60 g lauwarm geschmolzene Butter

Nach dem Grundrezept einen gekneteten, lockeren Hefeteig bereiten. Kleine Portionsringe von 10 cm Durchmesser oder einen großen Ring fetten und bis zur halben Höhe mit dem Teig füllen. Gehen lassen. Im vorgeheizten Backofen bei 200 Grad backen. Die kleinen Ringe brauchen etwa 30 Minuten, ein großer 50 Minuten.

Danach aus der Form lösen und auf einem Kuchengitter etwas auskühlen lassen.

Savarins können auf vielfache Art getränkt werden, und sie bekommen somit immer neue Geschmacksnuancen. Hier einige der bekanntesten Variationen:

☞ 6 cl Rum, 1 Glas Weißwein, $1/4$ l Wasser, 150 g Zucker klar kochen (läutern), die Savarins damit tränken. In die Mitte geschlagene Sahne und frische Erdbeeren füllen.

☞ $1/4$ l Wasser, 1 Glas Ananassaft, 200 g Zucker, 4 cl Rum läutern. Die Savarins damit tränken. Füllung: Sahne und Ananasstücke.

☞ Den Saft durch Rotwein und den Rum durch Kirschwasser ersetzen. Füllung: Kirschen, Brombeeren, Himbeeren und Sahne.

☞ Saft von 1 Zitrone, Saft von 1 Apfelsine, 200 g Zucker, $1/4$ l Wasser, 1 Glas Orangenlikör. Füllung: Geschlagene Sahne und Orangenstückchen.

☞ 2 cl Whisky, 1 kleines Glas Kaffee. Füllung: Sahne und Schokoladenmoccabohnen

Und so wird getränkt: Mit einer Stricknadel mehrmals in die Oberfläche der Savarins stechen und dann die Flüssigkeit über die Kuchen träufeln, bis sie feucht, aber nicht naß sind. Die Savarins bis zum Servieren kühl stellen.

Schneckenkuchen

Auch als Rosenkuchen bekannt.

*Hefeteig: 350 g Mehl, 40 g Hefe, 60 g Zucker, ¹/₄ l Milch,
100 g Butter, 1 Prise Salz
Füllung: 250 g Butter, 200 g Rosinen oder Korinthen,
in 3 EL Rum getränkt, 40 g Sukkade, 40 g Orangeat,
60 g gemahlene Mandeln, 125 g Zucker, 2 TL Zimt*

Für den Teig das Mehl in eine Schüssel geben, in die Mitte eine Vertiefung drücken, darin die zerbröckelte Hefe mit etwas lauwarmer Milch verrühren, 1 TL Zucker hineingeben und 15 Minuten gehen lassen.

Den Vorteig mit der erwärmten Milch, der Butter, dem restlichen Zucker und dem Salz vermengen und tüchtig schlagen, bis sich der Teig vom Schüsselboden löst. Nochmals 15 Minuten gehen lassen. Den Teig in zwei Hälften teilen und zu Quadraten ausrollen.

Für die Füllung die flüssige Butter auf die Teigflächen streichen und die in Rum getränkten Rosinen und Korinthen, Sukkade, Orangeat, Mandeln, Zucker und Zimt darauf verteilen. Jedes Quadrat fest aufrollen. Von der Rolle 3–4 cm breite Streifen abschneiden und fest nebeneinander in eine gut gefettete Springform legen, und zwar so, daß zuletzt mitten in der Form eine Rolle liegt. Den Kuchen vor dem Backen nochmals mit flüssiger Butter bestreichen und dann im vorgeheizten Backofen bei 175 Grad etwa 60 Minuten backen.

☞ Die Masse reicht für zwei mittlere Springformen. Eine Torte können Sie einfrieren. Sollte sich dann unerwartet Besuch anmelden, so schieben Sie den gefrorenen Kuchen für ca. 20 Minuten bei 200–220 Grad in den vorgeheizten Backofen.

Mohnkuchen

(Blitzrezept)

500 g tiefgekühlter Hefeteig
Füllung: 200 g Instant-Mohnfüllung, z.B. Mohn-Back, 200 ml Wasser,
2 Eier, 2 EL Grießmehl, 100 g gemahlene Mandeln, 20 g Zitronat,
30 g Orangeat, 125 g Butter, 1 Ei, 125 g in Rum getränkte Rosinen
Zum Bestreichen: 1 Eigelb, etwas Milch

Den Teig auftauen und gehen lassen. Auf bemehlter Unterlage so groß ausrollen, daß der Teig für eine Springform von 26 cm Durchmesser reicht und noch Teig für ein Gitter übrig bleibt.

Für die Füllung den Mohn in eine Schüssel geben, mit kochendem Wasser überbrühen, umrühren und 10 Minuten lang zum Quellen stehen lassen. In den noch warmen Mohn die weiche Butter rühren. Alle übrigen Zutaten zugeben.

Eine Springform mit Backpapier auslegen. Den Teig einlegen und einen etwa 3–4 cm hohen Rand fest an die Formwand pressen. Die Mohnmasse einfüllen. Aus dem restlichen Teig Streifen ausrädeln und als Gitter über den Kuchen legen. Die Streifen mit in ganz wenig Milch verschlagenem Eigelb bepinseln. Im vorgeheizten Backofen bei 175 Grad 30–45 Minuten backen. Der Mohnkuchen schmeckt am darauffolgenden Tag besonders saftig, da dann alle Zutaten ihr volles Aroma entwickelt haben.

Hefeteig

Ine mine mei,
Zucker in den Brei,
Butter in den Kuchen,
du mußt suchen!

Kinderabzählreim

Marzipankranz

1 Hefeteig-Rührteig (Grundrezept)
Füllung: 500 g Marzipanrohmasse, 1 EL Rosenwasser, 2 EL Milch,
2 Eier, 75 g Korinthen oder Rosinen
Guß: 100 g Puderzucker, 1 EL Rosenwasser, etwas heißes Wasser oder
1 EL Aprikosenmarmelade

Den Teig gut abschlagen und gehen lassen. Für die Füllung die Marzipanrohmasse mit den übrigen Zutaten zu einer geschmeidigen Masse verrühren. Den Teig kneten und zu einem Rechteck ausrollen. Die Füllung daraufstreichen. An einer Längsseite etwas Rand (2 cm) stehen lassen. Von der Breitseite her aufrollen. Die Nahtstelle gut andrücken. Zu einem Ring formen. Auf ein mit Backpapier belegtes Blech legen. Nochmals 20–30 Minuten gehen lassen. Im Backofen auf mittlerer Schiene etwa 50 Minuten bei 175 Grad backen. Die Zutaten für den Guß verrühren und sofort nach dem Backen darüberstreichen.

Dresdner Stollen

Wenn Sie das volle Aroma Ihres Stollens an Weihnachten genießen wollen, so müssen Sie ihn vor dem 1. Adventssonntag backen! Backen Sie sofort mehrere Stollen. Kenner sagen, der letzte Stollen, um Ostern etwa angeschnitten, schmeckt am besten.

Hefeteig: 1500 g Mehl, 120 g Hefe, 500 g Butter, 125 g Zucker,
1 Prise Salz, abgeriebene Schale von 2 Zitronen, ¼ l Milch,
½ TL Salz, 250 g Rosinen, 250 g Korinthen, 150 g gehackte Mandeln,
100 g Zitronat, 100 g Orangeat, 4 cl Rum
Zum Bestreichen: 125 g Butter, 100 g Zucker,
3 Päckchen Vanillezucker, Puderzucker

Sämtliche Zutaten für den Stollen sollten am Abend vor dem Backen in die warme Küche geholt werden. Rosinen, Korinthen, Zitronat, Orangeat und Mandeln werden am Abend vorher in Rum getränkt und zugedeckt abgestellt. Für den Hefeteig das Mehl in eine Schüssel geben. In die Mitte eine Mulde drücken und da hinein die mit etwas lauwarmer Milch (4 EL) und ½ TL Zucker verrührte Hefe geben, etwas Mehl darüberstäuben und etwa 20 Minuten zugedeckt warm stellen.

In der Zwischenzeit die Milch mit dem Salz, dem Zucker und der Butter lauwarm werden lassen. Bitte nur lauwarm, sonst wird der Teig zäh! Diese Flüssigkeit zum Hefestück geben und kräftig durchkneten, bis der Teig sich vom Schüsselboden löst und Blasen wirft. Nun nochmals zugedeckt warm stellen, bis der Teig sich verdoppelt hat (ca. 20–30 Minuten).

Am besten teilen Sie nun den Teig in zwei Teile und kneten die in Rum getränkten Früchte unter. Diese Stücke mit wenig Mehl so formen, daß zwei längliche Brote entstehen. Mit dem Rollholz der Länge nach, aber ganz seitlich, eine Vertiefung eindrücken.

Hefeteig

Die geformten Stollen läßt man auf einem mit Pergamentpapier ausgelegten Backblech nochmals zugedeckt ca. 20 Minuten aufgehen, bevor sie in den vorgeheizten Backofen kommen. Die Backzeit beträgt für jeden Stollen ca. 60 Minuten bei 225 Grad. Die Backtemperatur muß wegen des großen Fettgehaltes so hoch sein. Aus diesem Grund kann das vorzügliche Gebäck nicht so hoch aufgehen wie ein normaler Hefeteig, dafür hält es sich aber auch, gut verpackt, monatelang frisch.

Bevor der Stollen aus dem Backofen kommt, eine Stäbchenprobe machen, um festzustellen, ob er gar ist. Zum Ende der Backzeit die Stollen mit Folie oder Pergamentpapier abdecken, damit sie nicht zu dunkel werden. Sobald die Backwerke aus dem Backofen kommen, sollten sie mehrmals mit einem Gemisch aus flüssiger Butter, Zucker und Vanillezucker bestrichen werden. Dann erst dick mit Puderzucker bestäuben.

Zu Kuchen und Koffee
auff deinem Canape
dreff ich ihn däglich sizzen
dein Händgen stopfft Confäkkt
und waß mir sonst noch schmäkkt
in alle seine Rizzen.

Hohl-Hippckens / Hindbeer Schmältz
schläkkt er sich in den Bältz
zu einer Plunder-Brähtzel;
worhin er das blohß dreibt
daß ist for mir und bleibt
durchauß ein schwartzes Rähtsel.

Arno Holz „Daß sie for ihr Schlößgen schon einen Schlüssel hat"

Allerlei leckere
Schnellrezepte

Blätterteig-Bombe

Das Herstellen von Blätterteig im Haushalt ist langwierig und kompliziert. Deshalb sei hier zu Tiefkühlblätterteig oder zu einem abgebackenen Boden vom Bäcker geraten.

Den Tiefkühlblätterteig nehmen Sie aus der Faltschachtel und tauen ihn im Block auf, also nicht die jeweiligen Lagen auseinandernehmen. So rollen Sie ihn auch auf bemehlter Unterlage aus. Da sich der Teig beim Backen zusammenzieht, müssen Sie ihn größer ausrollen als Sie Ihren Kuchen geplant haben. Wenn Sie einen Boden vom Bäcker nehmen, dann bestellen Sie ihn auf 28 cm Durchmesser.

Den ausgerollten Teig legen Sie auf ein mit Wasser bespritztes Blech und backen ihn goldbraun ab. Anschließend legen Sie einen Springformboden von 26 cm oder 24 cm Durchmesser auf den Kuchen und schneiden daraus eine runde Scheibe (auch bei dem Kuchen vom Bäcker). Den Rest zerkrümeln Sie zu groben Bröseln. Den Boden legen Sie auf eine Tortenplatte. ³/₈ l Sahne wird mit

1 Päckchen Vanillezucker, 1 EL Zucker und 1 Päckchen Sahnesteif fest geschlagen. Man bestreicht den Boden dünn mit Sahne, legt dann gut abgetropfte Früchte, gleich welcher Art, dicht nebeneinander und häuft den Rest der Sahne kuppelförmig darüber. Abgedeckt wird die Sahne mit Blätterteig-Bröseln. Wenn man will, kann man noch Puderzucker obenauf streuen.

Flockensahnetorte

Brandteig: ¼ l Wasser, 40 g Butter oder Margarine, 1 Prise Salz,
150 g Mehl, 4 Eier, 1 EL Zucker, 1 TL Backpulver
Füllung: Frisches Obst, gleich welcher Art, oder Preiselbeermarmelade,
½ l Sahne, 1 Päckchen gemahlene weiße Gelatine, 2 EL Zucker
Zum Bestreuen: Puderzucker

Das Wasser mit der Butter und dem Salz zum Kochen bringen. Die gesamte Mehlmenge in die Flüssigkeit geben und auf der Herdplatte so lange glattrühren, bis sich ein Kloß bildet und dieser sich mit einer weißen Haut vom Topfboden löst (abbrennen!). Den Kloß in eine kalte Porzellanschüssel geben und nach und nach die Eier unterrühren. Jedes Ei muß vollständig eingearbeitet sein, bevor man ein weiteres zugibt. In den ausgekühlten Teig das Backpulver und den Zucker mengen.

Eine Springform von 26 cm Durchmesser fetten und ⅓ des Teiges einstreichen. Bei 220 Grad etwa 15 Minuten lang backen. Dabei biegt sich der Teig stellenweise hoch und „flockt" aus. Noch zwei weitere Böden backen und diese dann auskühlen lassen. Die Gelatine zum Quellen ansetzen.

Die Sahne steif schlagen und süßen. Die Gelatine auflösen und einarbeiten. Die Torte mit Sahne und frischen Früchten oder Preiselbeerkompott zusammensetzen. Obenauf mit Puderzucker bestreuen.

Schokoladen-Preiselbeer-Sahnetorte

175 g Zucker, 8 Eigelb, 70 g geriebene Blockschokolade,
170 g geriebene Mandeln, 6 Eiweiß
Füllung: ½ l Sahne, 1 Päckchen gemahlene weiße Gelatine,
1 kleines Glas Preiselbeermarmelade, 1 Päckchen Vanillezucker
Zum Bestreuen: Geraspelte Schokolade

Die Eigelb mit dem Zucker schaumig rühren. Die geriebene
Schokolade, die Mandeln und das steif geschlagene Eiweiß mit
einem Schneebesen vorsichtig unterheben. Diesen Teig in eine gut
gefettete Springform von 24 cm Durchmesser füllen und im vor-
geheizten Backofen bei 175 Grad etwa 40 Minuten backen.
Für die Füllung die Sahne steif schlagen und süßen. Die Gelatine
nach Packungsvorschrift quellen lassen, auflösen und mit den
Preiselbeeren in die Sahne geben.
Nach dem Auskühlen den Boden durchschneiden. Eine Hälfte mit
Preiselbeercreme belegen, die andere Teighälfte daraufsetzen und

mit der restlichen Creme bestreichen. Die Torte mit grob geraspelter Schokolade bestreuen. Gut durchziehen lassen.

☞ Am besten einen Tag vor dem Verzehr backen.

Backe, backe Kuchen,
der Bäcker hat gerufen.
Wer will guten Kuchen backen,
der muß haben 7 Sachen:
Eier und Schmalz, Zucker und Salz,
Milch und Mehl,
Safran macht den Kuchen gel.

Philadelphia-Torte

Boden (ohne zu backen): 160 g Löffelbiskuits, 125 g Butter,
2 EL gemahlene Mandeln
Füllung: 1 Päckchen Götterspeise (Zitrone), 200 ml Wasser,
200 g Doppelrahm-Frischkäse (z.B. Buko, Philadelphia), 125 g Zucker,
1 TL Vanillezucker, 2 EL Zitronensaft, ½ l Sahne
Belag: Schoko-Deko-Blättchen oder geröstete gehackte Mandeln

Für den Boden die Löffelbiskuits mit einer Kuchenrolle (am besten in einer Plastiktüte) fein zerbröseln. Die Butter zerlassen und die Mandeln leicht darin anrösten. Mit den Biskuitbröseln verkneten. Eine Springform von 26 cm Durchmesser mit Backpapier auslegen. Die noch warme Masse hineinstreichen und andrücken.

Die Götterspeise nach Packungsaufschrift zubereiten. Den Frischkäse mit Zucker, Vanillezucker und Zitronensaft verrühren, die abgekühlte, aber noch flüssige Götterspeise unterrühren. Die Sahne steif schlagen und, wenn die Käsemasse anfängt, dick zu

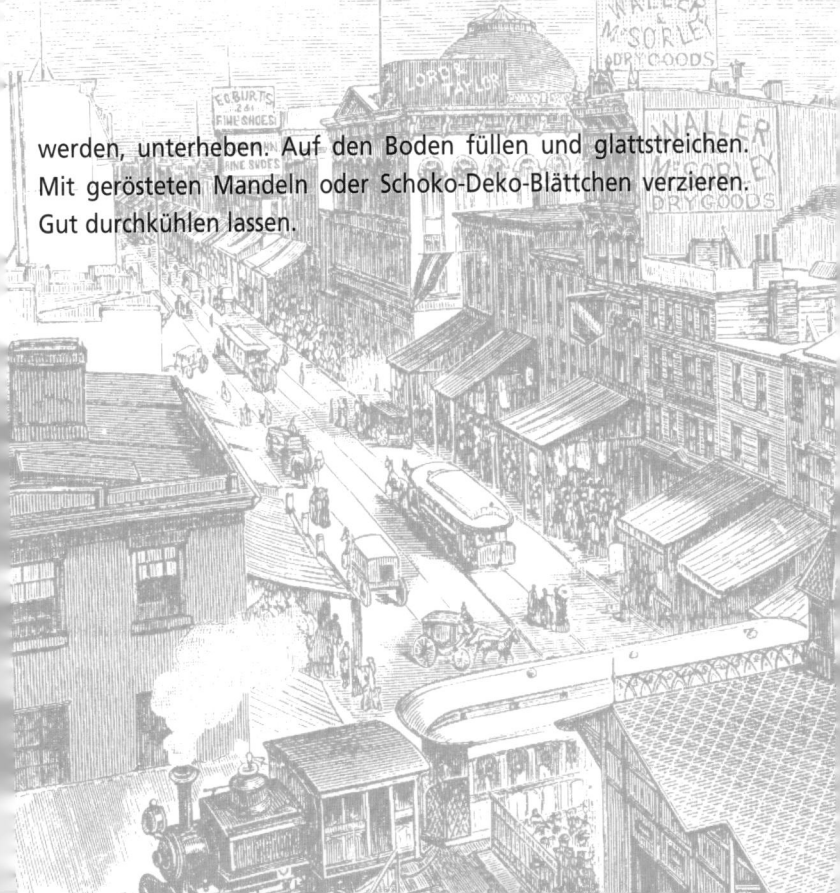

werden, unterheben. Auf den Boden füllen und glattstreichen. Mit gerösteten Mandeln oder Schoko-Deko-Blättchen verzieren. Gut durchkühlen lassen.

Sektcharlotte

*Boden wie Philadelphia-Torte,
außerdem einige Löffelbiskuits für den Rand
Füllung: 600 ml Sahne, 600 ml Sekt, 3 Päckchen Aranca-Zitrone
Zum Dekorieren: einige Löffelbiskuits, Sahne*

Die Bröselmasse in eine Form pressen.

Für die Füllung die Sahne steif schlagen. 5 EL davon in eine Sahnetülle füllen und einen Ring an den Formrand spritzen. Die übrigen Biskuits quer halbieren und mit der Schnittfläche nach unten dicht nebeneinander in den Sahnering stecken.

Aranca nach Packungsanweisung mit Sekt, aber ohne Eier, zubereiten. Die Sahne unterziehen. Auf den Boden streichen und gut durchkühlen lassen. Mit Sahnetupfen und Löffelbiskuits verzieren.

Krümelkuchen mit Obst

Krümel: 50 g Speisestärke, 200 g Mehl, ½ TL Backpulver,
1 Ei, 150 g Zucker, 150 g Butter
Füllung: 1 Glas Sauerkirschen oder anderes Obst, 40 g Speisestärke,
1 EL Zucker, 1 TL Vanillezucker, 1 Schnapsgläschen Kirschwasser
Zum Bestäuben: Puderzucker

Speisestärke, Mehl und Backpulver vermischt in eine Schüssel sieben. Darüber das Ei, den Zucker und die Butter in kleinen Stücken geben. Mit dem Mixer oder den Händen zu Krümeln verkneten. Eine Springform von 26 cm Durchmesser mit Backpapier auslegen. ²/₃ der Krümel auf den Boden geben und leicht andrücken.

Die Kirschen gut abtropfen lassen, den Saft auffangen. Etwas kalten Saft zum Anrühren der Speisestärke zurückstellen. Den übrigen Saft (¼ l) mit dem Zucker und Vanillezucker aufkochen. Die Stärke hineinrühren und den Saft damit andicken. Die Kirschen kurz dazugeben und mit dem Kirschwasser abschmecken.

Diese Masse auf den Krümelteig in der Form streichen. Die restlichen Krümel darauf verteilen. Bei 225 Grad im vorgeheizten Backofen etwa 30 Minuten backen. Den Kuchen erkalten lassen und mit Puderzucker bestreuen.

☞ Frisches Obst verwenden. Für die Saftgewinnung das Obst mit etwas Wein oder Orangensaft aufkochen oder entsprechenden Saft aus der Flasche nehmen.

Knuspertorte

Boden: 200 g weiße Schokolade, 100 g Cornflakes, 100 g Mandelblättchen
Füllung I: 750 g Erdbeeren, 2 EL Zucker, 3 EL Grenadinesirup,
1 Tütchen roter Tortenguß
Füllung II: ½ l Weißwein, 175 g Zucker, 1 Päckchen Götterspeise (Zitrone),
200 g Frischkäse (z.B. Philadelphia), 2 Päckchen Vanillezucker,
4 EL Zitronensaft, ½ l Sahne

Für den Boden die Schokolade in einem Topf im Wasserbad schmelzen. Die Cornflakes leicht zerbröseln und mit den Mandelblättchen in die flüssige Schokolade mischen. Eine Springform von 26 cm Durchmesser mit Backpapier auslegen. Die warme Masse hineinstreichen und auskühlen lassen.
Für die Füllung I: die Erdbeeren waschen, entkelchen und zuckern. Sehr große Früchte halbieren. Mit dem Grenadinesirup beträufeln. 1–2 Stunden Saft ziehen lassen, danach abschütten. Den Saft auf ¼ l mit Wasser oder Orangensaft verlängern. Die Früchte auf den

Boden legen (einige besonders schöne zur Dekoration zurücklassen). Den Saft mit Tortenguß andicken (s. Packungsanweisung) und über die Früchte gießen.

Für die Füllung II: den Weißwein erhitzen und mit dem Zucker und der Götterspeise aufkochen. Den Frischkäse mit den übrigen Zutaten verrühren und unter die leicht warme Götterspeise rühren. Auf die Erdbeeren streichen. Nach dem Auskühlen mit einigen Früchten und mit Pfefferminz- oder Zitronenmelisseblättchen dekorieren.

Gretel stellte sich an die Scheiben
und knusperte daran.
Da rief eine feine Stimme aus der Stube heraus:
„Knusper, knusper, kneischen,
wer knuspert an meinem Häuschen?"

Gebrüder Grimm

Verzeichnis der Rezepte

Verzeichnis der Rezepte

Mürbeteig

Rührteig

Verzeichnis der Rezepte

Biskuitteig

Hefeteig

Verzeichnis der Rezepte